초록 방앗간

박부민

1961년 전남 고흥 출생,
1996년 계간 《시와산문》 신인상(조병화 시인 선)으로 등단
시집 『등불이 있는 마을』, 『꿈이 응고되면 쩌렁한 별 하나』 외 8권 사화집
계간 《생명과문학》 편집국장

열린시선 16 박부민 시집
초록 방앗간

지은이 / 박부민
펴낸이 / 김윤환
펴낸곳 / 열린출판사
출판공급 / 열린출판디자인

1판 1쇄 펴낸 날 | 2025년 5월 21일
등록번호 / 제2-1802호
등록일자 / 1994년 8월 3일
주소 / 경기도 시흥시 하중로 203(3층)
전화 / 02-2275-3892
팩스 / 050-4417-3892
이메일 / pomreview@daum.net

2025 ⓒ박부민

* 저자와의 협의에 의해 인지는 생략합니다.
* 이 책은 전부 또는 일부 내용을 재사용하려면 저자와 출판사의 동의를 받아야 합니다.
* 이 도서의 국립도서관 출판도서목록은 서지정보유통서비스시스템 홈페이지와 국가자료
  공동목록시스템에서 이용하실 수 있습니다.

IISBN 978-89-87548-58-6 (03810)
값13,000원

박부민 시집

초록 방앗간

열린출판사

■ 시인의 말

　서정은 심신을 깨우는 감각의 등가물이다. 시인은 만물의 색, 소리, 냄새와 맛과 촉감에 자주 반응한다.
　길, 숲, 강, 마을에 생동하는 생물의 갱신과 산물에 집중한다. 가시와 불가시의 경계를 벗고 소음과 고요 속에 펼치는 종합 예술의 입체적 무대. 오감을 열어 울고 웃는 축제를 수신하고 송신한다.
　시인은 그 창조적 방앗간의 주인이 아니다. 초대된 공감각의 수혜자요 손님이며 기껏해야 견습생이다.
　탐욕을 버리고 겸허하다면 방앗간은 다정하고 너그럽다. 풍경 예찬을 지나 성찰로 이끈다. 현장의 말과 노래, 그림과 영상의 자장으로 존재와 사회를 생각게 한다.
　꿈에 남프랑스 아를에서 이쪽으로 건너 온 고흐를 만났다. 그의 붓질로 생성되는 색, 하늘과 별, 나무들을 보았다. 살아 꿈틀댔다. 마을과 사람들이 있고 숨은 동물들도 있었다. 길모퉁이, 만면에 이슬과 햇빛 분말을 뒤집어쓴 어느 허름한 시인도 있었다.

2025년 봄
산마을에서
박부민

■ 목차

제1부 꽃무리 변전소

봄 … 10
봄맞이 … 11
새봄 … 12
살갈퀴꽃 … 13
봄빛 … 14
동백 … 15
봄, 참기름 … 16
피었네 … 17
목련송 … 18
목련 개화 … 20
봄비 … 21
홍도화 … 22
꽃무리 변전소 … 23
꽃맹 … 24
박태기 마을 … 25
봄이 한창 … 26
바람의 잔업 수당 … 27
푸른 세례 … 28

제2부 초록 방앗간

초록 … 30
꽃과 풀 … 31
접시꽃 … 32
풀잎 … 33
숲바위 … 34
초록 방앗간 … 35
꽃과 이슬 … 36
하늘 마시기 … 37
도라지꽃 … 38
산 … 39
맥문동 … 40
소나비 … 41
지렁이 … 42
빗방울 … 43
초록 책 … 44
초록 교실 … 46
여름 … 47
틈 … 48

제3부 낙엽 재테크

꽃무릇 … 50
산, 들, 바람 … 52
가을 백로 … 53
저녁 강 … 54
무르익다 … 56
도토리 … 58
고구마 … 59
만리향 … 60
벼 … 62
은행나무 … 63
낙엽 재테크 … 64
기대는 것들 … 65
홍시 마을 … 66
묵상 … 67
늪에 쓴 시 … 68
멍 … 70
우포 노을 … 72
우포 … 73
붉은 강 … 74

제4부 아침 노루

외딴 섬 … 76
억새풀 … 77
담쟁이 … 78
첫눈 산골 … 80
빈들 … 81
아침 노루 … 82
대숲 바람 … 84
눈꽃 마을 … 85
수묵 설경 … 86
눈사람 … 87
둘러앉은 밤 … 88
설향 雪香 … 89
폭설 … 90
따스한 눈발 … 92
2월 숲 … 93
딱따구리 … 94
꽃샘 … 95
색깔 놀이 … 96
저녁놀 … 98

■ 해설 | 낮은 생명을 노래한 감응 의식_ 전다형 시인 … 100

제1부 꽃무리 변전소

봄

봄은 봄이다
하늘빛 눈망울로 봄이다

멀고 가까운 사방팔방
구름과 구름의 그늘

바람의 서늘한 자국을
찬찬히 살펴봄이다

안타까이 추락한 새들의
전율하는 가슴속

눈물처럼 팔딱이는 햇빛
꽃과 잎, 잎의 주름진 등까지

살갑고 뼈저리게 들여다봄이
향기로운 봄이다

봄맞이

자전거 뒤 철겅철겅 고장 나
거들먹거리는 받침대 뜯어내듯

산들은 칼얼음 떨어내
가슴 녹인 개울물을 내려보낸다

바람에 목욕재계한 가로수길
웃음기 환한 재잘거림 들어봐

웅크린 마을도 몹쓸 역병 몰아내고
붉은 동백으로 깨어날 테지

질척질척 발바닥 달라붙던
눈 묻은 흙덩이 털어낸 듯

홀가분한 봄이 스멀스멀 오나 봐
말끔한 봄이 오긴 왔나 봐

새봄

숲 하나 지나는 동안
잡목에 긁힌 얼굴에 눈꽃 가득했다
꽃들은 하늘을 배경으로 쳐다볼 때는
그리움처럼 아늑하다가도
낙하하는 동선에 마음 쓰면
터 잡은 빛의 그늘진 고독을 깨우친다
써늘한 날들은 그렇게 녹고
외진 산길에 돋은 애기벚꽃 따뜻하다
오르막도 가슴속 약간의 수분과
맑은 노래 몇 소절이 필요할 뿐
시린 무릎 다독여 천천히 가면 된다
질긴 것은 꽃샘만이 아니라
언제나 꺼칠한 괴석들이지만
낯익은 듯 낯선 만남들을
걸음걸음 온몸으로 껴안다 보면
거뭇하던 산마루에 만발한 구름꽃
하늘 땅 눈부신 바람소리
부지런히 흐르는 저들에겐 흉터가 적다
들뜬 종다리 깔깔대는 내리막에도
흥건한 새 빛은 뜨겁고 푸르므로

살갈퀴꽃

까칠하고 생경한 이름인데
눈을 붙여 가까이 보면

살갑고 여린 친구들이
숫기 적어 자꾸 수그린다

오르막 내리막 어느 골짜기
바람에 휘청이면서도

이파리 하나하나
삶의 뼛살로 압착돼 오는 열기

큰 꽃밭에 취했다 살갈퀴를 만난 날은
편애와 편견의 마음이 몹시 저린다

마침내 산그늘을 밝히는 건
불티처럼 날아오르는 그들인데

훑어 새로 고칠 완고한 땅의 어스름이여
객토 후에 심을 꽃은 꼭 살갈퀴로 한다

봄빛

눈길 한참 걸어와 꽁꽁 언 발가락
아랫목에서 천천히 녹여 보면

봄,

산등허리와 나무들 겨드랑이 몹시 가렵고
골짜기 냇물, 동구밖 흙길에
김이 모락모락 피어오르는

물이랑 꼼지락 대는 연두색
햇살 들이마시는 토담의 숨결
송아지 눈망울에 콘택트렌즈로 내려붙는 하늘은

봄빛,

참꽃 산수유 목련 틔우는 마을
부쩍 웃으며 말이 많아진 생생한 바람

동백 冬柏

진붉은 느낌표들 날아와
시린 골짜기를 채운다
빈혈로 햇볕을 되새김하며
설풍에 닳은 무릎을 꿇고 기다린 계절
지천한 풋사랑이 아니다
아직 영원의 빛이 남은 능선
현기증을 넘어 끝내 돌아온 꿈은
뜨겁고 눈물겹게 다시 피어난다
이로써 지상은 완연한 봄날이지만
숲속에서 숲의 속을 들여다보면
우두두 쏟아질 듯 젖은 눈망울
이름에 겨울을 품은 이들이
산 하나 제때에 밝히려고
이토록 살뜰한 꽃불을 나눈다
못내 숲을 떠나와도 마음에 새긴
느낌표들은 문신처럼 다 사위지 않고
등 굽은 아랫말 골목까지 따라와
향 짙은 불빛으로 차오른다

봄, 참기름

고매한 분이 보내주신 참기름 두 병

이렇게 미끌리듯 먼저 온 봄을
아직 개봉하지 못했네
아껴아껴 맞이할 거네

얼핏 꽃샘 찬비도 지나가고
해동되는 가슴속
짜릿한 간지럼 전류처럼 번질 때

개구리 개나리 깨어나면
마개 따고 향기에 완연히 취할 거네

한 병은 눈보라를 추억하고
한 병은 따순 소망과 햇볕을 버무리며

얼부푼 상처에 붓는 해맑은 사랑
나는 회복된 눈망울로 산천을 볼 거네

나무들도 잎들도 푸른 빛 윤나는 그날

피었네

슬픔
아픔
배고픔에도

꽃은 피었네

네 품
내 품
우리 품에도

목련송 木蓮頌

새아침 막 깨어난 영혼들이
구름을 짜서 세수한 맑은 얼굴로
햇살 다리미질을 한다

모락모락 옷 냄새와 설렘을 섞어
봄바람에 살짝 흘려보내고는
누군가의 정갈한 첫 시선을 받으려는데
덜 펴진 소매 끝이 오그라든다

하늘을 배경으로 다시 배우는 사랑은
목화송이처럼 따스하게
서로를 찬찬히 바라봐 주는 것

신곡 악보를 펼쳐 서툰 노래나마
함께 두근두근 불러 보는 것이니

멀어지다 가까워지다
말 못하게 더 애틋해지면
울음도 환호성도 터져 눈부실 테지

그렇구나 사랑은 속 보이며
이렇게 붙안고 춤추게 하는구나

숨은 흉터와 짙은 뒷그늘마저
하얗게 보듬어 주며
온통 파란 하늘 물이 들 때까지

목련 개화

있을 곳에 있는 게 참 있음이란다
더러 어색하고 으슥한 골목
누구네 허름한 담장 옆
슬픈 폐교의 뜨락에라도
떠나지 않고 미소 짓는 너희가 고맙다
종이 한 장 접어 글자 없이 보낸
수북이 쌓인 흰 사연들
거기 서린 그늘과 빛을 다 새기며
젖은 눈을 햇살에 말린다
올봄도 이렇게 피어나고
많이들 곳곳에 찬란하지만
너희가 있는 그 자리에서
기교 없이 불러 주는 담백한 노래를
종일 귀담아 듣고 있단다
뼛속 깊이 푸르고 따뜻한 날에

봄비

꽃 피는 속도 따라잡으려
자전거로 벚꽃 터널을 짓달리는데
급할 거 뭐 있나
한사코 천천히 걸어가자는 봄비

산천의 꽃들 깨워 해처럼 웃을 때까지
느릿느릿 둑길을 적시다
가슴 밑바닥 한참 두들기더니
벚꽃잎 두 장 짓무른 눈에 붙여 주네

파스텔 물안개 마을
비와 자전거가 멈추네

젖은 바퀴 말리며 따순 차 한 잔 마실 때
서두를 거 없다던 봄비는 되레 후다닥
강물에 등불들 띄워 놓고 산허리 돌아가고 없네

흥건한 꽃향기에 취해 고맙단 말도 다 못했는데

홍도화

홍도화 밑
날다람쥐 서성이다

꽃은 외면하고
자꾸 딴 데를 봤다

향기는 아랑곳없이
먹이만 찾는구나

웃다가

문득, 저 주렁주렁 빛나는 게 밥인가 사탕인가

나도 그 생각하려던 참이었음을 알고

더 웃다가 왔다

진붉은 봄
햇살의 나절에

꽃무리 변전소

봄비와 햇빛에

합성된 전압 백억 볼트

초민감 전류를 품은

눈부신 꽃무리

스치기만 해도

감전되는 함박웃음을

즐비한 꽃나무 송전탑으로

전국에 급 배송한다

꽃맹 花盲

어릴 적 누님 등에 업혀
어디만큼 왔나
당당 멀었다 하던 양으로
한 천리 눈 감고 땀 흘려 흐르다
두근두근 새벽 강처럼 눈 떠 보면
여로의 황홀한 목적지가 나올까
어느 한 곳 거저 꽃핀
마을은 없으니
누군가 심어 뿌리 내리며 비바람 뚫고
힙겹게 흐드러진 그 꽃마음 알 때쯤
목말라 내려온 고라니, 숨은 풀벌레
산밭에 지친 호미들도 보일 텐데
화사한 향기에 취해 휘청이는 몸으로
어디만큼 갔나 산그늘 짙어지고
꽃사태에 눈 먼 사람아

박태기 마을

벚꽃 지고 서글프더니

박태기꽃 힘차게 피었다

그늘진 뜨락마다

쓸쓸할 틈도 없이

또록또록 부릅뜬 몸

차진 밥풀로 달라붙어

현기증 돋도록 살자고

살아 내자고

진초록 계절로 치달려 가는

징하고 질긴 이웃들

눈부신 꽃마을의 파안대소

봄이 한창

흰구름 들이켜는 창

설레어 뛰쳐나가니

온 마을은 화창

봄빛 고울수록 속눈물 없이

받은 햇볕만큼 따순 맘 나누면 좋으리

꽃 시절 만화방창

목련꽃 피고 지고
왕벚꽃 피고 지고
모란꽃 피고 지고

도라지꽃 배롱꽃
창포꽃 피어나면

산천은 또 울울창창

바람의 잔업 수당

꽃무리를 흠뻑 적셔
종일 생기 돋우던
바람의 부지런한 일손

해거름부터 다시 찬찬히
멍든 꽃잎을 찾아 씻겨 주는
고된 잔업을 마친다

불 꺼진 마을들을 안고
긴 붓글씨로 휘감은 강물 따라
숨죽이며 돌아가는 길에

신이 주신 잔업 수당은
가장 밝은 것만 골라 담은
별빛 한 소쿠리

바람은 그 별꽃들 하나씩
지친 물결 위에 뿌려 주며
밤새 깨어 함께 흐른다

푸른 세례

오월이 양동이째
페인트를 붓는다
찌든 온몸에 들어차는
푸르른 광휘

염색도 이쯤이면
전율의 세례이다
녹향 숨막히는
융단 폭격이 멈추고

새들이 발 담그는
여울목에 누워
햇빛 분가루를 얼굴에 칠한다
한참 동안 응시하는 하늘

반년이 지나가는 유월이면
몸뚱이 살갗을 벗어나
영혼의 쇄골까지도
조금은 더 푸르러질까

제2부 초록 방앗간

초록

연록과 진록이 알록거린다
햇빛 수북한 산 숲 융단 위에
바람이 몸살을 앓고 파닥이며
악보를 썼다 지웠다 한다
대위법을 아는 척 새들이 끼어들고
트랙터가 한나절 끄덕끄덕
황토빛 거친 가사를 붙인다
들꽃 풀꽃 들떠 환호성을 더하는데
말도 안 되게 서툰 불협화음도
결국은 다 눈부신 명곡이다
하늘이 스쳐 몇 군데 손봐 주면
완성되는 푸르른 역작
곧 발표할 뜨거운 무대로
꽃구름 비구름이 달려와
초록초록 축복을 뿌린다

꽃과 풀

계절이 짙어 무명의 꽃과 풀들이
그늘에 볕뜰에 열심히들 모여 산다
앞 것과 뒷 것 옆 것 구별 없이
누가 이름 불러 주지 않아도
저들은 이미 꽃이요 풀이었다
은연히 피어나 시와 노래와 그림으로
때로는 바람에 출렁이는 영상으로
골짜기를 이룬 다채로운 화면
그래도 이름 불러주면 더 좋아라 할까
씀바귀, 미나리냉이, 자주괴불주머니
돌아서서 금방 잊어버리기 일쑤지만
때 되면 찾아와 웃어 주는 착한 이들이
찌든 우리를 짙은 숲의 색으로 덧칠한다
그렇게 풀도 되고 꽃도 되어
청산에 깊이깊이 함께 물들어 간다

접시꽃

먹구름 견딘 후 새 드라마를 봐
뿌리까지 맑은 별이 된 이력을

온 마을에 활짝 웃음 흩날려 주고
눈물은 동트기 전 한 방울만 머금을게

단출한 살림 몇 접시뿐이나
신혼인 듯 꿈인 듯 함께 춤추며
하늘빛 전율로 숨 쉬는 날들

언젠가 작은 별똥별로 지겠지만
불 지핀 순례길 뜨거운 궤적은
그늘진 산천 깊이 총총할 테니

푸른 안테나를 높이 치세워
종일 꽃바람으로 송출하는
또렷하고 향기로운 진짜 뉴스

빈 접시 가득 불빛 반짝이는
고주파 생방송이겠네

풀잎

꿈과 탐욕 사이는 얇은 풀잎 한 장
바람이 불어대면 서로 스미어
한 모습으로 착색된다

세찬 빗물에 씻겨야 비로소 보이는 제 얼굴
둘 다 꿈틀대며 위를 향하나
꿈은 하늘의 것으로 땅을 돌보고
탐욕은 땅의 것으로 하늘을 넘본다

탐욕엔 계절이 따로 없지만
하늘 높푸른 오늘만은
눈물 맺혀 서늘한 뿌리를 살핀다

무얼 위해 몸 틀며 솟구치려 하는지

내 꿈의 참 색깔과
자주 흔들리는 마음의 높낮이를
종일토록 시퍼렇게 측정하고 있다

숲바위

햇살 숨 쉬는 숲
바람과 새들의 화음으로

껍질 익고 속살 짙어 가는
따뜻한 푸르름

이끼 낀 바위에 앉아 알았네
늘 든든히 자리한 당신

이 향기에 젖은
푸르름이 샘물로 넘쳐

숲을 넉넉히 채우고
나그네의 눈시울도 적시는 것을

내가 누린 향기는
여기 변함없는 당신이었음을

초록 방앗간

나무들의 눈물이 내려와
무채색 산골을 적신다
코를 찌르는 바람의 땀 냄새
화들짝 깬 엽록소들이 터뜨리는 폭죽
푸른 대기의 피댓줄이 발동한다
시린 뼈마디를 오래 견디던
갈증 난 숲들은 흰구름 빗방울을 불러
초강력 햇살에 쪄서 방아를 찧고
싱싱한 새 이야기들을 빻아 낸다
후미진 곳이나 벼랑 끝
윗마을 아랫마을 가리지 않고
온 땅에 흩뿌리는 생명의 분말이다
강과 들과 흙길이 꿈틀대며
입맛 살아난 벌레들의 숨소리까지
멀리 진득하게 푸르러지는 축제
아팠던 누구라도 함께 설레어 만끽하라고
눈부신 잎새들의 초대장이 반짝인다
꽃가루 자욱한 산천을 뒤덮으며
뜨거이 풀가동 중인 초록 방앗간

꽃과 이슬

어떤 꽃도
이슬 한 방울 맺지 않은 것 없다

마르지 않는 아침의 꽃잎

어떤 이슬도
햇빛 한 올 입지 않은 것 없다

젖지 않는 숲속의 이슬

꽃잎에 이슬이 피고
이슬 속에 햇빛이 꽃을 입는다

하늘 마시기

푸른 하늘은
아이들 그림처럼
능선까지만 색칠해 경계 지을 수 없다

키 높은 나무들이 하늘을 먼저 마시는 건 아니다
몸집 작은 풀잎들도 하늘을 누린다
누려야 한다

낮은 지평에 내려와
줄기와 뿌리 깊이 스며 있는
하늘은 편만하고 투명해

먼저 도달해야 하는
속도의 과녁이 아니고
누구의 소유만도 아니다

숨 쉬는 것들은 다 하늘을 마신다
그래서 흐리고 여린 내가
여태 얼굴 들며 살아 있다

도라지꽃

하늘 땅 깊이 여름이 짙다

초록 일색 골짜기에

애써 색등을 켠 도라지꽃

산천은 오래 어둑해도

저 별들은 시무룩하지 않다

이슬과 땀 버무려 불쏘시개 삼고

부둥켜 서로 풀무질하며

활활 불기둥으로 타오른다

온 마을 속속들이 빛 물결로 채운다

산

산이 길을 불렀다
길은 급히 올라갔다
숨차서 중턱에 멈췄다
몸이 아주 가늘어졌다

산이 강을 불렀다
강은 깊이 들어갔다
힘들어 자락에 누웠다
허리가 많이 굽어졌다

말 없는 산
안개만 내뿜으며
덤덤히 길과 강을
내려다본다

크고 높고 깊다

맥문동 麥門冬

겨울을 살아 낸 뿌리들이

진한 여름꽃을 터뜨린다

꽉 찬 그늘이기에

더 생기 돋는 땀방울들

밤낮 무리지어 반짝인다

뜬금없는 희소식, 귀인을 만난 듯

황홀하고도 낯선 우리의 여정에

한 계절은 조금 떠들썩해도 좋다

출렁이는 갈망의 꽃 바다에선

저토록 절실한 보랏빛으로

한바탕 함께 웃는 이유가 있다

소낙비

저렇게 느려 터진 소가
낙뢰 천둥 뒤에는
길이 파이도록
발을 구르며
짓달린다

갑자기 쏟아진 하늘이
땅에 가득 차는 순간이다

풀잎 돋듯
등에 쭈볏쭈볏 솟는 눈물

젖었으나 또 젖는
여름 한복판
해와 구름 그늘이 한바탕
춤을 추다 지나간다
시퍼렇게 달려간다

지렁이

큼직한 꿈 끔찍한 길바닥

온몸 흙먼지에 버물려

밟히지 않고도 꿈틀

기어가다 뒹굴다

땡볕에 멈춘

한 획의

생

빗방울

땅에 심는 하늘의 쉼표들
지친 세포를 깨우는 박동이다

만물이 새살 돋고
뿌리 내리게 난타하는 묵시

빗빗빗빗 방울방울
후두둑일수록

심금에 터지는 푸른 화염
생장점은 팽창한다

한바탕 긴급속보가 지나간 숲에
여린 새들이 눈물을 털고

왁자지껄 상처에 햇살 바르며
짙푸른 삶, 악보를 합창한다

초록 책

숲에서는 쌓인 헌책들 버리듯
말을 비우고 옹달샘을 찾는다

오감을 열어 귀를 씻어 내
나무와 꽃과 잎의 얘기를 듣는다

속속 스며 오는 맑은 말들
솔향 꽃향 풀향

그 향기들을 모아 온종일
교정 없이 편집을 완료하고

숲을 표절한 새 책으로 엮어
인생의 집, 창가에 펴 둔다

하늘을 거쳐 온 바람이
책장을 넘길 때마다

초록의 말들, 향기가 번져
방안과 뜨락과 골목을 물들인다

꽃구름이 샘물 속에 깜짝 피어나더니
고객 사은 별책부록이란다

초록 교실

바람 부는 날
끝내 꿋꿋하자고
서로 고개 끄덕여 주고

비 맞는 날
함께 울어 주는
흩어진 자리

그늘진 냇가 산모롱이
햇볕 따가운 언덕
멀리 가까이서

대면 혹은 비대면으로
진초록 공부하며
흠뻑 푸르게 젖는

여름

질퍽 젖어 지나온 고단한 밑창 협곡의 미로가 닳아 평원이 되도록 걷다 서다 꺾이다 발목 떨리는 우여곡절 흙탕 얼룩이 폭염에 마르고 뙤약볕 인두로 지짐 당해 납작해진 마을들은 이쯤에서 캄캄해질 법도 한데 초록과 파랑으로 솟구쳐 느꺼운 꿈을 지탱한다 하늘도 냉국숟가락 소나비를 퍼붓고는 안식의 평상 위에 지친 땀방울들을 불러 모아 폭죽 같은 별빛을 뿌려 준다 태풍 재우고 산천을 헐떡이며 돌다 숨 고른 계절은 막바지 맴맴맴맴 찢어지게 울고 잡초밭에 매매매 턱없이 뛰며 웃더니 생 뽈이 빠지도록 뭉게뭉게 높푸른 날들로 번쩍이며 날아간다

틈

아스팔트에 경이롭게 핀 꽃
스스로만 뚫고 나온 건 아니다
날아온 흙이 살포시 자리 잡도록
아스팔트가 상처의 틈을 내 주었다

흙은 그 상처를 어루만져 채우고
떠돌던 꽃씨에게도 살짝 틈을 주었다
거기 움터 활짝 피어난 꽃은
아침마다 고마워 눈물을 맺는다

애써 내어 준 소박한 공간이
모두를 불 지펴 되살아나게 한다
햇빛에 숨 쉬는 작은 틈이
세상에서 가장 큰 여백이다

제3부 낙엽 재테크

꽃무릇

불나게 생겼네

끌 수 없는
끄면 안 될 듯한
끄고 싶지 않은

붉어서 눈 시려
푸른 눈물 뚝뚝 나게 하는

철쭉, 장미, 봉숭아
배롱, 홍시, 감천
맨드라미, 동백

그리고
너

무릇무릇

뜨거워

차마 안지도 안기지도 못하고
언저리만 거니네

불꽃이 홀라당 나를 삼킬까
내 집을 태워 버릴까

불끈불끈 심장이 퍼렇게 떨리네

산, 들, 바람

비운 가슴으로

뚫어지게 응시하면

보인다

내 속에

안개 걷히고
산, 들, 바람

가을 백로 白鷺

들판에 서서
순백의 물음표로
들여다보라

가을은 바람으로
구름으로 대답한다

영그는 알곡들을
찬찬히 보라고

거기 버물린
봄, 여름, 햇빛과
소나비의 심장을

하늘빛
알알이 물결치는
피 흘림을 보라고

저녁 강

그대 눈망울 속 강물
강물 속 고요
고요히 내리는 햇빛

저물고
떠오르는 추억
추억에 긴 바람

젖은 등불 몇
잠시 떨다 춤추며
우린 아직 땅에 살고

지평선 위로
타오르는 별꽃
별의 궤도를 닮은 생

그 발자국 사라져
보이지 않고
아스라이 하늘만 남는다

그대 눈망울 속 구름
구름 속 고요
고요히 내리는 달빛

무르익다

가을 골짜기에 들면

마음보다 먼저 얼굴이 불을 켠다

햇발 끝자락, 어느 모퉁이

감출 수 없이 따순 것들은

발그레 미소 치으며 통 말이 적다

외진 그늘로 길 잃고 또르르 구르거나

고적한 능선에서 큰 바람에 휘청일 때도

눈부시게 서로를 물들여

찬찬히 익어 간다

저문 강 스며드는 푸른 추위 속

딴 동네 걷다 노을을 업고 돌아온

>
나보다 붉은 너는

더 많이 나를 물들이고 무르익어

내 안에 가득한 불빛을 지피고

묵언의 강물로 깊이깊이 차오른다

도토리

큰 바람 지난 후
상처 난 산엔 주울 것도 참 많다

그 중 내 것은 한 줌뿐

풀숲이나 외딴 길이나
눈 시리게 빛나는
단단한 사랑 네댓 개면

나는 오롯이 포만이라 한다
작은 주머니 가득
따스한 가을이라 말한다

써늘한 해거름에도
애써 그늘 밖으로 나와
남은 햇볕에 재채기 두세 번 하고

도톨도톨 혼자 무심히 웃은 뒤

호젓하고 좁은 길을 따라
한 번 더 야무지게 굴러간다

고구마

모두 흙이었을 때 외침도 없고
갈증과 끄억거리는 묵음뿐
신산한 연혁의 뿌리가 시간을 부대끼다
지표에 허덕이는 빗방울을 애타게 품으면
감춘 숨이 돋아서 단맛 쓴맛의 어디쯤
여울진 가을을 마저 물들이곤 했다
산이 등골을 앓고 있는 한
계절은 언제든 조금씩 어둑하겠지만
자락에 묵힌 껍질을 벗는 해거름
양수 터지듯 막힌 혈관을 뚫고 나온 진액의
환한 웃음을 보는 일은 따뜻했다
달큰 뽀얀 자작나무 속살 같아도
점액질 눈물로 누대에 달궈진
떫은 몸부림이었다, 생은
첫서리 얇게 쓸린 산밭의 잔광인 듯
그 노을에 맛 들어 안개 짙은 얼굴로
보랏빛 남은 길을 한참 더 돌다가
한 무더기 매캐한 추억을 털어 내며 터벅터벅
부둥켜 걸어오는 흙무늬 가족들이 있었다

만리향

짙은 만리향에
한참 물들어 보았다

이 꽃은 지극히 높은 곳을
유영하고 돌아온 게 분명하다

그가 토해 내는 아득한 이야기들
잠시만 스며도 바닥까지
서늘히 낮아진다

무르익은 것들은
들숨 날숨에 하늘이 들어차 있다

종일 널리 흩뿌리는 향기로
마을마다 단풍 들고
가을빛이 깊다

익어 간다는 것
익을 만큼 익었을 텐데
덜 익었다는 뜻

땅에서는 아직 고개 수그려
무르익는 날들이고 싶다

벼

산그늘 드리운 마을
햇빛으로 온몸 비벼대는 벼들을
다독이며 슬몃 품어 주었다
참 애썼어, 허한 땅에 뿌리 내리는 일
함께 견디어 안개에 젖고
까슬한 무게를 나누던 기억들
고개를 끄덕이며 벼들은
누런 이를 활짝 드러내고는
한 소쿠리 바람을 구름과 버무려
오롯이 굴뚝 속에 부어 주었다
바람은 외진 마음을 휘감고 돌아
짙푸른 강물이 되었다
몇 마지기 꿈이 더 흠뻑 젖어야
가을걷이가 끝나고 고운 단풍이
산을 내려와 골목을 마저 지필까
쌍그란 억새풀 에두르는 시월의 들판은
서그럭대는 웃음과 시린 물결이 섞여
쉼 없이 출렁이는 눈물을
아득한 하늘로 올려 보내고 있었다

은행나무

금빛 털어 내고 헐벗어

모골이 송연했지만

바람 차가운 세상에서

네가 더 이상 짠하지 않은 건

기름진 살점 다 발린

영혼의 갈비뼈 사이를

하늘이 끝없는 꽃구름으로

채워 주기 때문이다

낙엽 재테크

빗방울 때리자 나무들이
부쩍 가난해진다

발 앞에 수북이 내려놓고
무상으로 다 가져가란다

버리면서 봄날의 새 양분을 축적한다니
향기로운 재테크가 촉촉하구나

바람이 골목골목 그 선물을 나누는 동안
겹쌓인 허욕도 잔고 없이 쓸어 내고

황금빛 한 장, 홍옥빛 두어 장
고개 숙여 빈 주머니에 적금한다

어둡고 쓸쓸한 날 성냥불 켜듯
가난한 시인이 시린 손으로 빚어

장독대에 소복이 올려 둘
새하얀 첫 시집 책갈피로만 투자하련다

기대는 것들

자꾸만 내게 기대는

구절초
강아지풀
복슬이
영촌 할매
그리고
아내

바람이 세니까
기댄단다
귀찮아 말거라

홍시 마을

냇물처럼 들렀다 온 마을이

이토록 가슴에 발그레 남아 출렁이다니

뜨락마다 눈부시던 홍시 때문인가

홍시 따서 내밀던 불빛 손길 때문인가

묵상

이끼 낀 나무에
기대어 눈을 뜬다

해거름
야윈 내 그림자 데리고
먼 길 돌아 나오는
숲 바람

큰고니 날개로
물 위를 스치며
딱 한마디
쓰고 가신다

잠잠하라

늪에 쓴 시

큰 박수는 없지만
가마우지 고니들 물장구 소리

와글와글 노래가 있어
갈숲 마을이 쓸쓸하진 않네

새들과 나무, 풀잎
물빛과 산빛, 바람

밥 짓는 연기로 깃드는
이 따뜻한 안개는

내가 혹은 누군가
정성껏 읽어 주는 시집인데

눅진한 가슴에 어렵사리 새긴
비릿하고 소소한 내 시들도

바람 속 거룻배 지나듯
찬찬히 찰랑이며 읽어 줄 사람

애틋한 아내 말고
아들 말고

놀빛 눈물 품은 누구 하나
더 있으면 좋겠네

멍

가을이 중얼대며 간다

몹쓸 인간들

바스락거리다 돌연 혀를 차더니

찬바람 휘돌려 숲에 끼적인다

아, 말 많은 족속들

비우는 법을 모르고

활활 타오르기만 하는

차암 답 없는 인간들

산마루 피 묻은 노을 섞어

누런 침 뱉어 내며 가을은 간다

멍든 하늘이 가슴으로 온다

단풍잎 하나씩 질 때마다

마른 입술 한 번 더 닫고

어둑어둑 멍때리며

낙엽 쌓이는 소리만 본다

우포 노을

늦가을 우포에서
노을의 온도는
가슴속 온도이다
달아오르는 빛에 조용히
눈물 나게 하는
따뜻한 사랑
어느 찬바람, 먹구름도
그 영혼 습지 깊이
안개 젖어 지나오면
나루터 가득 출렁이는
기쁜 햇무리 복음이 된다
고니들 물닭들
날개 치는 합창 속에
순백색 잔을 거푸 씻어 비우고
물 향기 서서히 채워
뜨거운 입김으로
차를 끓여 내주는
365도의 붉은 사랑

우포 牛浦

 그리 멀진 않아. 벼 밑동들만큼 말없음표나 말줄임표 찍으며 소처럼 느리게 가 봐. 오랜 그리움 더 짙어지는 친구를 만날 거야

 황토가루 텁텁한 가슴 축이려 물 한 잔 청하면 낙동강에 서 방금 길어 온 정을 순한 안개랑 섞어 인생 깊숙이 채워 주는 따뜻한 친구이지

 그럼 참았던 단풍빛 말이 숨으로 터져 나와. 우포 우포 보고팠어, 라고. 그리고는 늪은 푸른 햇덩이를 또 한 번 세상에 힘 있게 올려 보내지

 그토록 켜켜이 찰진 역사가 되고 이끼가 되고 따오기, 가마우지, 고니 노래 품으며 하루치 바람, 찰랑이는 꿈에 우포 사람들 촉촉이 젖어 살아가는 거야

 가까이 가 봐. 햇살을 싣고 춤추는 즐거운 거룻배 같아. 부둥켜안은 물버들 사이로 노을보다 진한 불빛이 그 얼굴 송두리째 물들이며 타오르잖아

붉은 강

고요 끝에 열린 강마을
마음 다친 것들 희끗희끗 서걱일 때
빛나는 붉은 강을 보았는가
노을에 몸 푸는 단풍잎
몰래 하혈하는 거란다
별이 쓸리는 밤벌레들도 찾아와
가슴 속 멍 자국을 쏟아 놓고 갔단다
허나 서리 내려 그늘에 지는 꽃도
엎드려 제 땅을 피로 데우지 않던가
밤 지나 아침 강 더운 김 모락거림은
앓는 이들 속눈물 돋아 번지는 것이니
나는 햇살 나루에서 천천히 씻는다
눈망울 얼굴 가슴 영혼 순서로
온종일 하늘 구름 물결에 헹구다
불 지핀 수풀 강물로 끌어와
독한 몸살 같은 가을을
뜨겁게 뜨겁게 달이고 있단다

제4부 아침 노루

외딴 섬

단단한 섬
오늘은 한참 바라보았다

속이 보였다
의외로 가늘게 떨었다
염도 높은 노을로 채운 허우대였다

아내는 나보다 건강했었다
지금은 내가 더 단단하다
시정 거리 밖의
어떤 바다를 견디며 온 것인가

가슴에서 역류하는 안개를 토하고
밤새 들여다보았다

외딴   섬

사랑, 같은 말들은 수평선 쪽으로 가고
목숨 닮은 물결이 자꾸 눈 안으로 왔다
아침은 밀물보다 늦었다

억새풀

억새풀이 은발을 찰랑일 때
가을바람이 좋아라 다가왔다
어느 쪽으로 빗어 줄까
그리운 쪽으로 빗어 줘
억새풀은 그리운 게 많았나 보다
이리저리 원하는 방향이 변화무쌍했다
가을바람은 착하기만 했다
억새풀의 소원을 들어 주며
자기 몸이 차갑게 식어가는 줄도 몰랐다
이제 그만 하자 사정했지만
아름답다 칭찬 받는 게 좋아
억새풀은 징징대며 재촉했다
가을 바람은 쉴틈 없이 빗질을 해주다
끝내 지쳐 어디론가 사라져 버렸다
억새풀은 종일 우두커니 있었다
나부끼는 은발을 다시 볼 수 없었다
찬바람이 불어 닥치자
바싹 마른 억새풀은 가을바람이 그리워
추위에 떨며 흐느꼈다
몇 올 남지 않은 은발이 눈물에 섞여
눈송이처럼 점점이 흩날렸다

담쟁이

마른 벽에 절절히 새겨 넣는 숨
화폭 거칠수록 헐떡이는 심박이다

갈증 난 핏줄의 샛강을 따라
초록비, 땡볕이 빚은 눈물이
상향으로 번져 오르는 전율

벅차고 아찔한 배경이지만
애초에 차가운 벽이 아니면
저 얇은 꿈들은 어느 허공에 붙었을까

활화산처럼 타오르다
몇 점 불티를 매달고 분투하는 여정

쌩그란 초겨울 해거름까지도
센 바람을 뚫고 꿈틀대는
질긴 밑그림이 있었구나

희대의 명작은 아니라도
더 낮게 엎드려 그리고 또 그린다

흰 눈발 쏠리는 날 환히 웃으며
한 걸음 한 걸음 끝끝내 완성하고픈 필생의 벽화

첫눈 산골

눈 내린 산마을 저 낮은 집은
얼마나 따뜻할까
등불 하나 밤새 식지 않았네

뜨거운 단풍잎도 내려와
흰 뜨락 수북한 별꽃처럼
햇살 고여 빛나고 있네

빈들

하늘에 붙박여 땅을 떠받든
춥고 고달픈 밑동들
빈 들이 감싸 안은 온기로
뼛속 산그늘을 다 녹인다
돌연 몰려드는 까마귀 떼
얼부푼 꿈에 금을 그으며
쓸쓸한 마을을 할퀴고 달아나지만
이른 봄까지 쉬 뽑히지 않는
질기고 생생한 영혼들을 품고
내내 깨어 있는 빈 들
칼바람 살 저미는 어둠 속
성에꽃 가슴으로 불 밝혀
시린 눈보라를 죄다 들이마신다
흙 핏줄 졸아붙는 냉혈의 밤
쏟아지는 함박눈 맞으며
들불 지핀 듯 온몸 참 따뜻하구나

아침 노루

하늘 숨소리 곱게 쌓이고
바람이 산의 늑골을 씻어 주더니
겨우 한숨 붙이나 보다

쏟아지는 빛의 폭포는 아니지만
바위틈이나 정 깊은 나무들 사이
비집고 스미는 가느다란 햇발도 따숩다

이제 막 잠옷을 벗은 아이가
안개 묻은 몸을 털고 일어나
훅훅 푸른 입김을 뿜어 댄다

여린 무릎과 발굽이 근질근질
거뭇한 숲을 뛰쳐 나와
설원의 눈부심에 화들짝 눈멀어

잠시만 어리둥절하고 싶단다
반나절은 쏘다니며 먹다 쉬다 놀고
반나절은 기척 없는 곳에서 외롭고 싶단다

그가 찍은 발자국이 햇살에 점점 커져
설산 속으로 달려 들어간다
새들이 앉아 거기 고인 온기를 쬐고 있다

대숲 바람

눈보라 버틴 뿌리들의 울음과

댓잎 아카펠라 화음이

생성한 숲 바람

마디마디 새 숨 불어 넣고

속속 젖어들어 반짝이는 빛 물결

어둑히 찌든 기억을 씻어 내며

온 산에 솟구쳐 퍼져 가네

흔들려도 잠시만 흔들리다

다시 함께 청청 일어서는

푸른 사람들의 벅찬 메아리

눈꽃 마을

눈 속에 파묻혀
먼 산길 응시하는 마른 억새풀

이 겨울이 그들에겐
무척 어둡다

꿈을 누르는 적설량을
더는 잴 수도 없지만

눈보라가 색칠을 끝낸
고요한 그림 한 폭

마을은 바람에 떨며
또 한 번 명징하게 피어난다

집집이 가슴앓이로 돋친
시린 고드름 가득할수록

그 흰 빛 눈물 진 그늘에
봄이 싹트는 것임을 우리는 안다

수묵 설경 水墨雪景

너와 나 두 색만으로도
진하게 혹은 연하게
만나서 번지는 따순 삶

눈보라 여백을 따라
함께 그린 길마다
떨군 눈물은 모두 흰 꽃

눈사람

그를 보았다 어스름 골목에서
얼핏 누더기 벗은 그림자 희끗거리다
긴 숨을 연기로 토하는 굴뚝에 기대어
식은 몸을 다시 덥히고 있었다
따뜻해질수록 허비되는 생의 총량
절반은 푸른 멍 절반은 백묵을 뭉쳐
영웅도 수호신도 아닌 밋밋한 몸뚱이로
누군가 거기 세워 둔 추운 시간을 위해
땅바닥에 자신을 서서히 버리던 사람
연신 떨궈지려는 얼굴을 애써 들고 있었다
이번 겨울은 너무 낯설게 깊다면서도
지는 해를 삼키고 자신을 녹이더니
그 빛을 등불로 잘게 부수어
캄캄한 하늘과 돌담길에 뿌려 준 사람
결빙된 마을을 끝내 떠나지 않은 그였다

둘러앉은 밤

거두절미 없이 인절미 치대듯
눈보라 버무린 찰진 이야기
어둑하니 멍든 곳 상한 곳
다 깎아 내버리지 않고
손칼국수로 주절주절
칼칼하게 늘어놓고픈 절절한 밤
벗들이랑 발 종종 쏘다니던
그 골목 호롱불 웃음을 화르륵
매캐한 군불로 다시 지핀다
좁은 방 둘러앉아 누구라 마다 않고
잡아끌어 한 자리 끼워 주며
때 절은 이불 밑에 오밀조밀
시린 발가락들 비벼 모으던
푸근한 황토벽 따순 초가집
실토리 풀 듯 눈발, 눈발
새벽까지 떡고물로 쌓아 두는 밤
홍시 빛 봉창의 등불 아른거린다

설향 雪香

지친 골짜기 목덜미를 적시는 눈발, 희푸른 향기

추위에 자주 휘는 허리와 얼부푼 줏대를 선뜩선뜩 깨운다

나무들 푸석한 살 냄새나 물비린내도 들불 연기도 아닌

흐리고 아픈 마을 깊이 날아들어 생생한 목숨인 듯 집요한 향기

쓸쓸히 비틀대지 않게 나이 든 집 몇 채

서로 흰 머리 맞대어 웃고

숨막히는 고요로 빛과 빛이 만나 슬플 겨를마저 없는 날

속눈물 다 태우며 함께 터뜨리는 눈보라의 축포

어둑한 산천을 뒤덮는 뜨겁고도 눈부신 설향

폭설

폭설은 이미 쌓인 눈더미 위로

다시 몰아 덮치곤 한다

집요한 고통의 가역 반응

악순환에 눌리는 겨울

가장 순결한 쪽,

쓸쓸한 응달을 버텨 내는 곳으로

빛 한 싸라기에 온몸 데울 줄 아는

그런 아름다운 마을로

배고픈 폭설은 부득불 온다

허름한 집들의 어깨가 무너질까

멈칫 멈칫 미안해하며 잠시 머물다

제 속의 뜨거운 욕망을 모조리 태워

햇빛을 켜 주고는 애써 울먹이며

고해성사를 끝낸 죄인처럼 멀어져 간다

따스한 눈발

새로 오는 눈발은
그리운 편지다

구름이 몰려드는 종점에서
서울 가는 버스를 기다리다
숨막히게 만나는 첫사랑
순결한 꽃잎

오랜 친구의 입김이 스민
우체국 창문 옆
서성이며 홀로 맞이하는
손 시린 저녁에

눈보라 가득한
편지의 그리움
그리움의 비밀이다

한 호흡 느리게
그러나 정확하게
마음 깊이 도착하는
첫눈, 따스한 눈발

2월 숲

나무들 추운 독백이 흩어진 숲
그 수많은 말들은
무채색 적요 뒤편 어디에 저장되었을까
계곡 물이 얼어 거기 숨겨 둔
신음도 묵음도 퍼 올리지 못한다
눈보라에 흔들리면서
몸에 박힌 시퍼런 바늘을 털어 내려고
채 삼키지 못한 눈물들만 발치에 하얗다
연이틀 눈이 퍼부어 그친 뒤
찡하고 아찔했던 귀엣소리는
오래전 출발한 빛살이
비로소 지상에 도착한 듯
멀리서 아주 낮은 음정으로
네가 나를 부른 산울림이었다
서투른 내 노래도 그렇게 날아가
너의 마을을 등불로 사나흘 밝힐까
견뎌 낸 날들이 동구 밖을 나서는 동안
봄이 걸어오는 파릇한 호흡보다
더 짙은 바람의 비린내를 껴안고
다시 꽃샘 물드는 바위에 기댄다

딱따구리

입춘 지난 마른 숲
딱따구리를 만났다

어찌 그리 여린 몸으로
또록또록 시를 잘 쓰나 물으니

당신 눈엔 이게 예술로 보이오?
톡 뱉으며 딴 나무로 옮겨갔다

얼부푼 산밭에 구부린 아버지
산울림 가득한 괭이질 모두가 시였는데

짐짓 헛살았다 툴툴 대시며
흙두렁 돌을 쪼아 햇살로 흩으셨지

나는 잔설 뜨락에 무슨 시를 새겨
오는 봄을 또록또록 맞이하나

꽃샘

지쳐 귀향하는 겨울에게
여린 봄은 간청한다

꽃불이 붙을 때까지만 머물러
풍로를 돌려 달라고

겨울이 마지못해 찬바람을 불어 넣고
비 기름을 자작자작 끼얹자

젖을수록 활활 타오르는
꽃무리 산천

머문 자국마다 봄을 달구고 떠나는
꽃도우미 겨울이 고맙다

색깔 놀이

   노랑, 따스한 언덕 위 너랑나랑 살갑게 살자며 한 바퀴 날아 귓등에 살랑살랑 날개 접는 사랑

   초록, 저토록 저물도록 힘겨운 사람들 풀밭에 눕혀 온몸을 차분히 물들이는 지평의 짙은 평안이여

   빨강, 지독한 햇덩이 불러 가슴 복판 아리게 태우고 충혈된 목숨에 땀 뻘뻘 현기증 한 움큼 먹이지

   파랑, 파도치는 핏줄에 푸른 피 돌아 비틀대던 우리를 퍼덕퍼덕 갯돌로 다시 일으켜 세운다

   보라, 눈 시린 새벽 지나 뒷동산 눈물 머금은 여린 코스모스 아껴두고만 싶던 일기장의 비밀한 갈피

   분홍, 어릴 때 윗집 숙이가 몰래 분 바른 듯 파스텔 수줍은 얼굴로 왔다 바람 타고 도망갔지 사립문에 묻어나던 노을빛

   까망, 잠시 눈감고 바쁜 하루를 꺼두는 밤 별들을 지펴 까마득한 적요의 인내를 길들이는 깊은 숨소리

하양, 없는 듯 있는 하늘 가까이 몽실대다 소복이 내려와 입술 사이 쌓여 가지런히 웃곤 하던 해맑은 꿈들

저녁놀

숨찬 열차를 서서히 밀고 온다
허기진 시골버스 엉덩이 받치며 온다
수평선 상처투성이 배를 끌고 온다
날개 저린 새들을 싸안고 온다
마른 땅과 나무들을 적시며 온다
별들의 먼지 낀 눈망울 닦으며 온다
목울대 휘감아드는 뜨거운 나라여
헤어진 연인들 재회의 손 묶어서 온다
흩어진 가족, 이웃들 초대해 온다
시무룩한 시인, 화가, 가객을 불러 온다
금간 손목과 허리를 꿰매 주며 온다
탈색된 심장을 빼내 붉게 염색한 후
제자리에 도로 달아 주며 온다
어둡기 전 묵직한 바람 몰아내며 온다
향기롭고 진한 불빛, 불꽃으로 온다

해설

■ 해설

낮은 생명을 노래한 감응 의식
- 존재의 탐구와 생태 순환의 역동성

전다형 시인, 문학박사

1. 생명의 전류와 감응의 전율

박부민의 시에서 자연은 '대상'이 아니라 전류처럼 감각을 통과하는 생명의 주체이다. 「꽃무리 변전소」에서 꽃은 단순한 아름다움이 아니라 "초민감 전류"이며, "감전되는 함박웃음"은 생명 간의 접촉에서 발생하는 감응의 전율을 상징한다. 이 감응은 「초록 방앗간」에서 더욱 농축되어 등장한다. 나무들의 눈물, 빗방울, 햇볕, 바람, 땅의 움직임 등 모든 자연 요소가 마치 하나의 기계처럼 움직이며 푸른 지구의 방앗간을 돌린다.

박부민의 자연 시학은 생태적 전체성을 지향하며, 인간 역시 그 일부로 초대된다. 「초록 방앗간」에서 '초록 방앗간'은 자연의 변화가 실제로 '가공'되어 생명을 생산하는 상징적 공간이자 창조의 공장이다. 시인은 자연의 재생 과정을 '방앗간'의 활동으로 은유하며, 무채색에서 '눈부신 초록'으로 바뀌는 과정을 통해 생명의 기쁨, 공생, 회복을 말하고 있다.

나무들의 눈물이 내려와
무채색 산골을 적신다
코를 찌르는 바람의 땀 냄새

화들짝 깬 엽록소들이 터뜨리는 폭죽
푸른 대기의 피댓줄이 발동한다
시린 뼈마디를 오래 견디던
갈증 난 숲들은 흰구름 빗방울을 불러
초강력 햇살에 쪄서 방아를 찧고
싱싱한 새 이야기들을 빻아 낸다
후미진 곳이나 벼랑 끝
윗마을 아랫마을 가리지 않고
온 땅에 흩뿌리는 생명의 분말이다
강과 들과 흙길이 꿈틀대며
입맛 살아난 벌레들의 숨소리까지
멀리 진득하게 푸르러지는 축제
아팠던 누구라도 함께 설레어 만끽하라고
눈부신 잎새들의 초대장이 반짝인다
꽃가루 자욱한 산천을 뒤덮으며
뜨거이 풀가동 중인 초록 방앗간

- 「초록방앗간」 전문

"나무들의 눈물이 내려와/ 무채색 산골을 적신다"는 자연이 고통을 인식하고 표현할 수 있는 존재로 형상화된 장면이다.

이 시에서 자연은 감정(눈물), 감각(바람의 땀 냄새), 의지(비를 부름)를 가진 존재로 그려지며, 능력을 가진 존재로서의 자연이 문학적으로 구현된다. 이는 자연의 삶의 방식이 존중받아야 한다는 생명중심능력주의capability-based bioethics의 구현이다. "갈증 난 숲들은 흰구름 빗방울을 불러 / 초강력 햇살에 쪄서 방아를 찧고"라는 구절을 통해 자연이 스스로를 회복하고 생명을 창조하는 능동적 주체로 묘사된다. 이는 아르네 네스Arne Naess 가 주장한 심층 생태학의 핵심, 곧 모든 존재가 스스로를 실현 self-realization할 권리를 가진다는 관점과 일치한다.

이 시는 자연의 자기 회복과 자생성에 대한 신뢰를 표현하며, 인간 중심주의를 넘어서 자연의 자율성과 내재적 가치를 인정하는 태도를 드러낸다. "이야기를 빻아 낸다"는 자연의 생산 과정은 폭력적 착취나 효율 중심의 인간 산업과 대조된다. 한스 요나스HansJonas는 기술 문명의 위험에 대비해 미래 세대와 모든 생명에 대한 책임을 윤리의 핵심으로 제시한다. 시인이 묘사하는 자연의 생산 방식은 지속 가능하고, 미래 세대를 고려한 책임적 순환을 담고 있다. 인간이 이 생명의 순환에 간섭하지 않고 조화를 이루는 것이 바로 한스 요나스의 윤리적 책임의 실천적 모습이라 할 수 있다. "윗마을 아랫마을 가리지 않고 / 온 땅에 흩뿌리는 생명의 분말"이라는 시구는 생명이 특정 계층, 지역, 종種에 국한되지 않고 모든 존재에게 평등하게 제공됨을 나타낸다. 이 장면은 종 차별speciesism을 반대하고, 모든 생명이 윤리적 고려 대상이 되어야 한다는 생명 민주주의적 이상을 암시한다.

이는 생명 윤리에서 점점 중요해지고 있는 비인간 생명체에 대한 윤리의 확장과도 관련된다. "아팠던 누구라도 함께 설레어 만끽하라고 / 눈부신 잎새들의 초대장"은 인간이 자연과 다시 연결되어야 함을 제안한다. 자연의 초대는 인간에게 주는 은총이 아니라, 인간이 스스로 잃어버린 윤리적 위치로 귀환함을 의미한다. 한스 요나스의 말처럼 기술이 생명을 다룰 수 있는 시대에 인간은 자연을 돌보고 보호해야 할 윤리적 책임을 져야 한다. 이 시는 자연의 초대장을 통해 인간이 생태 공동체의 일원으로 복귀하길 요청하고 있다.

> 봄비와 햇빛에 // 합성된 전압 백억 볼트 // 눈부신 꽃무리
> 스치기만 해도 // 무채색 산골을 적신다 //
> 감전되는 함박웃음을 // 즐비한 꽃나무 송전탑으로 //
> 전국에 급 배송한다
>
> -「꽃무리변전소」전문

「꽃무리 변전소」는 봄비와 햇빛으로 생겨난 꽃의 전기적 에너지를 통해, 자연과 기술, 생명과 감정, 유기체와 네트워크가 얽힌 새로운 윤리적 사유의 장을 제시한다. 이 시는 짧은 시구 속에 생명의 물리학적 전환과 인간 감각의 상호작용을 압축적으로 담아내며, 생명 윤리와 철학적 관점으로 자연과 인간, 그리고 기술 사이의 새로운 공존 가능성을 탐색한다. 전통적인 생명 윤리는 인간 생명 중심에서 출발했지만, 현대 생명 윤리는 비인간 생명과 자연 전체를 포괄하는 생태 윤리로 확장되고 있다.

특히 한스 요나스Hans Jonas는 기술의 잠재적 위험에 맞서 미래 생명에 대한 책임을 강조했으며, 아르네 네스ArneNaess는 심층 생태학을 통해 인간-비인간의 생명 가치를 평등하게 보아야 함을 주장했다. 이 시는 기술적 이미지(전압, 변전소, 송전탑)를 통해 자연의 생명을 재전유再專有하고 있으며, 문명의 언어로 생명을 말하는 시적 실험을 하고 있다. "봄비와 햇빛에 / 합성된 전압 백억 볼트"는 자연에서 발생한 에너지를 물리적 수치(전압, 볼트)로

환산하는 시적 장치로, 자연과 과학의 결합을 나타낸다. 이는 자연이 단순히 아름다운 풍경이 아닌 측정 가능한 에너지로 변환되는 살아 있는 힘임을 시사한다. 생명 윤리의 관점에서 이는 자연의 무한한 가능성을 재발견하고, 기술 언어로 해석하려는 인간의 윤리적 상상이라 할 수 있다. "초민감 전류를 품은 / 눈부신 꽃무리"에서 '꽃'은 생명의 가장 전형적인 상징이며, '전류'는 기술적 문명의 정수다. 이 시는 이둘을 분리하지 않고 통합하여, 생명이 곧 에너지이며 기술도 자연의 연장선이라는 철학적 상상을 보여준다. 아르네 네스의 심층 생태학이 말하는 '인간과 자연의 내적 연결성'은 여기서 기술과 자연 간의 연속성으로 확장된다.

또한 "스치기만 해도 / 감전되는 함박웃음"에서 '감전'은 보통 충격, 고통의 이미지에서 벗어나 '웃음'과 결합되어 기쁨의 전이, 생명의 감응으로 전환된다. 이것은 생명 에너지가 타자에게 유쾌하게 전달되는 비폭력적 접속의 모델이다. 이는 마사 누스바움Martha Nussbaum의 저서 『시적 정의』의 '정서적 공감능력 capacity for emotion' 개념과도 연결된다. 꽃은 단순한 시각의 대상이 아니라 다른 생명을 감전시키는 에너지체로서의 타자로 기능한다. 시인은 "전국에 급 배송"이라는 시구를 통해 생명의 공유, 감정의 확산, 자연 에너지의 민주적 배포라는 뜻을 빠르게 전파하고자 한다. 이는 자연의 생명력이 모두에게 균등하게 확산되어야 한다는 생명 평등성의 시적 선언이다. 전력망처럼 생명의 에너지도 모든 지역, 모든 존재에게 연결되어야 한다는 윤리적 이상을 담고 있다. 따라서 「꽃무리 변전소」는 자연의 생명력을 현대 기술의 언어와 결합하여, 자연과 인간, 기술이 공존하는 새로운 윤리적 상상을 보여준다. 이는 단지 꽃이 아름답다는 감상에서 멈추지 않고, 생명을 측정 가능하고 유통 가능한 에너지로 확장하면서도 그것이 여전히 기쁨과 공감을 낳을 수 있는 윤리적 존재임을 강조한다. 더 나아가 이 시는 자연-기술-인간의 경계를 허물며 생명의 확산과 공존을 요청하는 생명윤리적 선언문으로 재해석될 수 있다.

2. 낮고 여린 존재들에 대한 연민의식

박부민의 시는 자주 '작은 것들'에 대한 연민과 경외를 드러낸다. 「하늘 마시기」는 '하늘'이라는 보편적 자원을 "작은 풀잎도 누릴 권리"가 있다고 말하며, 속도와 경쟁의 세계에 대한 윤리적 반문을 던진다. "누구의 소유만도 아니"라는 시구는 공동체적 존재론을 구현한다. 그리고 「지렁이」는 "밟히지 않고도 꿈틀"거리는 생명력으로, 존재의 미세한 진동을 응시한다. 흙먼지에 뒤섞인 지렁이는 '생'이라는 한 획을 남기며, 존재의 필연성을 묵묵히 감내한다. 「도토리」에서는 "한 줌의 사랑 네댓 개"가 포만으로 느껴지고, "야무지게 굴러가는" 삶은 충만한 내적 생의 형상이다.

푸른 하늘은 / 아이들 그림처럼 /
능선까지만 색칠해 경계 지을 수 없다 //
키 높은 나무들이 하늘을 먼저 마시는 건 아니다 /
몸집 작은 풀잎들도 하늘을 누린다 / 누려야 한다 //

낮은 지평에 내려와 / 줄기와 뿌리 깊이 스며 있는 /
하늘은 편만하고 투명해 // 먼저 도달해야 하는 /
속도의 과녁이 아니고 / 누구의 소유만도 아니다 //
숨쉬는 것들은 다 하늘을 마신다 / 그래서 흐리고 여린 내가 /
여태 얼굴 들며 살아 있다

- 「하늘 마시기」 전문

시 「하늘 마시기」는 '하늘'이라는 상징을 통해 존재의 권리, 생명의 보편성, 위계 없는 평등한 자연 윤리를 드러내는 작품이다. 시인은 '하늘'을 인간 중심의 소유나 성취의 대상으로 보지 않고, 모든 생명에게 동등하게 주어진 본질적 조건으로 제시한다. 이 시는 자연을 둘러싼 경쟁과 위계의 시선을 해체하고, 대신 공유와 공감, 생명의 연대를 요청하는 윤리적 상상력을 보여준다. "푸른 하늘은 / 아이들 그림처럼 / 능선까지만 색칠해 경계 지을 수 없다"에서 '하늘'은 자연 중에서도 가장 경계 짓기 어려운, 무소유적 공간이다. 시는 이 하늘을 통해 모든 존재에게 평등하게 열려 있는 존재의 조건을 상징한다. '하늘'은 누구의 것도 아니며, 소유되거나 제한될 수 없는 본질적 배경이다. 이는 존재론적 보편성의 시적 구현이며, 생명 윤리에서 말하는 모든 생명체의 평등한 삶의 조건을 상징화한다.

"키 높은 나무들이 하늘을 먼저 마시는 건 아니다. / 몸집 작은 풀잎들도 하늘을 누린다"에서 시인은 위계적 자연관, 곧 '큰 것이 먼저 누린다', '높은 것이 우선이다'라는 가치관을 해체한다. 나무와 풀잎 사이에 위계가 존재하지 않으며, 모두가 하늘이라 는 존재 조건을 균등하게 향유할 수 있는 생명체임을 선언한다. "누려야 한다"는 단순히 '누리고 있다'는 사실을 넘어, 시인은 하늘을 누릴 권리에 관해 말한다. 풀잎도, 나무도, 인간도 하늘을 누릴 수 있어야 하며, 이는 생명의 자유와 존엄성에 대한 시적 선언이다. 현대사회는 하늘조차 소유하거나 먼저 도달해야 할 목표처럼 여긴다. 하지만 "속도의 과녁이 아니고 / 누구의 소유만도 아니다"를 통해 시인은 하늘을 누가 먼저 가지느냐의 문제로 환원하지 않는다. 하늘은 공유된 자원, 생명의 공공재이며, 소유의 대상이 아니라 함께 숨 쉬는 공간이다. 이는 자본주의적 경쟁 논리를 거부하고, 자연을 비경쟁적, 비착취적 관계로 상상하는 생태윤리의 정수를 보여준다. 또한 시인은 "그래서 흐리고 여린 내가/ 여태 얼굴 들며 살아 있다"을 통해 흐림과 여림을 부끄러워 하지 않고, 오히려 '하늘을 마시기'에 존재는 충분히 당당하며, 그것으로 가치 있다고 말한다.

> 큼직한 꿈 끔찍한 길바닥 // 온몸 흙먼지에 버물려 //
> 밟히지 않고도 꿈틀 // 기어가다 뒹굴다 // 땡볕에 멈춘 //
> 한 획의 // 생
>
> — 「지렁이」 전문

시 「지렁이」는 지면 가까이에 존재하며 종종 하찮고 더럽게 여겨지는 '지렁이'라는 생명을 통해, 존재의 본질과 생명성의 근원적인 가치를 드러낸다. 이 시적 존재야말로 생명의 본질을 가장 강하게 증언할 수 있음을 시사한다. 철학적 생명 윤리의 관점에서 이 시는 보이지 않는 존재들의 윤리적 가치와 책임을 환기시킨다. 또한 지렁이는 '끔찍한 길바닥'에 놓인 존재이며, 사회적으로 외면당하는 존재이자, 비가시적·비주류적 생명이다. 그러나 그에게도 '큼직한 꿈'이 있다. 이 대조는 하찮은 존재에게도 존엄성과 생의 목표가 있음을 시적으로 선언하는 부분이며, 이는 존재의 평등성에 대한 생명 윤리적 문제 제기이기도 하다. "온몸 흙먼지에 버물려 /…/ 땡볕에 멈춘" 지렁이의 생은 고통의 연속이다. 흙먼지는 생명의 터전이지만 동시에 외부의 압력과 오염의 상징이다. 땡볕은 말라가는 생명, 생존 조건의 가혹함을 드러낸다. 한스 요나스는 생명을 감응 가능한 존재, 고통에 반응하고 회피하는 주체로 간주하며, 그런 존재에 대한 책임이 인간에게 있다고 했다. 이 시는 지렁이의 고통을 가시화함으로써 그에 대한 윤리적 응답을 요구한다. 지렁이는 "밟히지 않고도 꿈틀 / … / 한 획의 / 생"에서 아무 말 없이 '꿈틀' 댄다. 그 움직임은 미약하지만 분명한 생명의 표시이며 저항이다. 결국 " 한 획의 생"이라는 구절은 가장 단순하지만 강력한 생명성의 은유다. '꿈틀'은 말 없는 철학, '한 획'은 시적 존재론이다. 더 나아가 이 시는 '꿈틀'대며 자기 존재를 표현하는 지렁이에게 철학적으로 "응답해야 할 존재"의 지위를 부여한다. 우리는 시「지렁이」를 통해 보이지 않는 생명의 목소리를 듣고, 그에 대한 책임을 새삼 자각하게 된다. 이 시는 말없이 존재하는 수많은 생명체를 대신해 '한 획'으로 외친다: "나도 살아 있다."

큰 바람 지난 후 / 상처 난 산엔 주울 것도 참 많다 // 그중 내 것은 한 줌뿐 // 풀숲이나 외딴 길이나 / 눈 시리게 빛나는 / 단단한 사랑 네댓 개면 // 나는 오롯이 포만이라 한다 / 작은 주머니 가득 / 따스한 가을이라 말한다 // 써늘한 해거름에도 애써 그늘 밖으로 나와 / 남은 햇볕에 재채기 두세 번 하고 // 도톨도톨 혼자 무심히 웃은 뒤 // 호젓하고 좁은 길을 따라 / 한 번 더 야무지게 굴러간다

- 「도토리」 전문

시 「도토리」는 큰 바람(재난 혹은 생의 위기) 이후의 상처 난 자연 속에서 '작고 단단한 사랑'을 발견하는 주체의 내면적 생명 감응을 그리고 있다. 이 시는 파괴와 상처 이후의 세계로부터 시작한다. 그러나 시적 화자는 그 상처 위에서 절망하거나 방관하는 대신, 무언가를 '줍는다'. 여기서 '주울 것'은 생존을 위한 물질이 아니라, 새로운 윤리의 가능성이다. 아르네 네스Arne Naess는 모든 존재가 인간과 동등한 내재적 가치를 지닌다고 보았으며, 인간이 자연에 귀 기울이는 '자기 동일화self-realization'를 강조했다. 시적 화자는 이러한 '자기 동일화'를 통해 자연 속에서 작고 빛나는 것들을 찾아내며, 자연과의 감응적 관계를 복원한다. "풀숲이나 외딴 길이나 / 눈 시리게 빛나는 / 단단한 사랑 네댓 개면 / 나는 오롯이 포만이라 한다"는 현대적 축적 논리와 반대되는 생태적 만족 윤리를 시적으로 구현한다. 화자는 많지 않아도 깊고 단단한 사랑 네댓 개면 충분하다고 말하며, 생의 질적 충만을 강조한다

작고 보잘것없는 듯한 도토리는 여기서 '충분히 그 자체로 의미 있는 존재'로 자리하며, 화자의 생을 채운다.

아르네 네스에 따르면 생명 공동체에서 "자기중심적 욕망이 아닌 타자 중심의 공감 능력"을 실천할 때 인간은 생태적으로 성

숙해질 수 있다고 한다. 화자는 도토리를 내면의 풍요와 성숙을 구성하는 감각적 기호로 받아들이고 있다. 외부의 혼란이나 상처가 아닌, 스스로의 감응과 수용을 통해 포만을 이룬다는 점에서 이 시는 내면적 생명 완결성의 윤리적 정립을 보여준다. "도톨 도톨 혼자 무심히 웃은 뒤 / 호젓하고 좁은 길을 따라 / 한 번 더 야무지게 굴러간다" 이 장면은 도토리라는 상징적 존재가 화자의 자기 모습이자 삶의 방식으로 전환되는 순간이다. '굴러간다'라는 단어는 형태상 수동성을 띠는 것처럼 보이지만, 이 시에서는 생명체가 스스로의 궤도에서 주체적으로 방향을 정해 나아가는 능동성을 내포하고 있다. 이는 한스 요나스가 언급한 "생명은 자기 목적을 향해 움직이는 존재"라는 존재론과 일치한다.

또한 시적 화자는 '도톨도톨' 웃는 감각적 리듬과 함께 '야무지게'라는 윤리적 형용사를 붙임으로써, 단순히 흐르거나 떠밀리는 것이 아니라, 의미 있고 존엄하게 살아가는 작고 고유한 생명 존재를 묘사한다. 이는 생태계 내에서의 '작은 것의 철학'을 시적으로 드러내는 순간이다. 그러한 점에서 시 「도토리」는 생태적 감응의 시적 모범이라 할 수 있다. 큰 바람과 상처를 경험한 세계에서 시적 화자는 자연을 '소유'하거나 '정복'하지 않고, 그 안의 단단한 의미를 조용히 수용한다. '도토리'는 이 시에서 물질의 상징이 아니라 윤리적 존재의 메타포이며, 세상과 소통하는 새로운 언어이자, 자본주의적 과잉을 넘어서는 자기 충족의 선언이다. 우리는 이 시를 통해 작고 조용한 것들이 가진 커다란 윤리적 울림을 다시 감지하게 된다.

3. 고통의 내면화와 회복의 연대

박부민은 시 「무르익다」, 「담쟁이」, 「새봄」에서 삶의 고통과 시간의 깊이를 내면화된 빛으로 환원시킨다. 「무르익다」의 "눈부시게 서로를 물들여 찬찬히 익어간다"는 문장은 삶의 고난이 단순히 극복되어야 할 대상이 아니라 성숙과 물듦의 과정임을 말해준다. 그리고 「담쟁이」는 고통의 벽을 "필생의 벽화"로 바꾸는 예술가적 시선을 강조한다. "더 낮게 엎드려 그리고 또 그린다"는 구절은 고난의 미학을 구현한 것이며, '통곡의 벽'을 떠올리게 한다. 시 「새봄」에서는 시린 무릎을 다독이며 "천천히 가면 된다"고 말하는데, 이는 자연과 인간의 리듬이 회복과 연대의 언어로 어떻게 변형될 수 있는지를 보여주는 따뜻한 시선이다.

가을 골짜기에 들면 // 마음보다 먼저 얼굴이 불을 켠다 // 햇발 끝자락, 어느 모퉁이 // 감출 수 없이 따순 것들은 // 발그레 미소 지으며 통 말이 적다 // 외진 그늘로 길 잃고 또르르 구르거나 // 고적한 능선에서 큰바람에 휘청일 때도 // 눈부시게 서로를 물들여 // 찬찬히 익어 간다 // 저문 강 스며드는 푸른 추위 속 // 딴 동네 걷다 노을을 업고 돌아온 // 나보다 붉은 너는 // 더 많이 나를 물들이고 무르익어 // 내 안에 가득한 불빛을 지피고 // 묵언의 강물로 깊이깊이 차오른다

- 「무르익다」 전문

시 「무르익다」는 가을의 풍경을 통해 인간과 자연의 상호작용을 탐구하는 작품으로 자연 속에서의 경험이 인간의 내면을 감

각적으로 열고, 정서적 공명을 일으키는 과정을 시적으로 드러낸다. 특히 '물들다', '무르익다', '묵언의 강물'과 같은 이미지들은 자연과 인간의 상호 성숙과 윤리적 감응을 상징한다. 이 시는 가 색채와 감정을 섬세하게 그려 내며, 생명윤리적 감수성과 존재론적 사유를 드러낸다. 시의 첫 부분 "가을 골짜기에 들면 / 마음보다 먼저 얼굴이 불을 켠다"는 가을의 색채가 인간의 감정을 자극하여 외부로 드러나는 과정을 나타낸다. 이는 생명 윤리적 감수성이 인간의 내면과 외부 세계를 연결하는 방식을 보여준다. 또한 이것은 인간이 먼저 자연에 감응하며 감각이 주도하는 생명적 연결을 시사한다. "눈부시게 서로를 물들"이고, "나보다 붉은 너는 / 더 많이 나를 물들이고 무르익어" 가는 과정을 통해 자연(너)과 인간(나)이 일방적 영향을 주고받는 것이 아니라, 상호적으로 변화하고 성숙하는 관계임을 드러낸다. 이는 마사 누스바움Martha Nussbaum이 언급한 생명윤리적 관점에서 인간과 자연이 독립적인 존재가 아니라 상호의존적 인 관계에 있음을 보여준다. 또한 시인은 "묵언의 강물로 깊이깊이 차오른" '무르익음'에 관해 존재론적 관점으로 탐구한다. 이 시의 '무르익다'는 자연에 조응해 스스로 변하고 성숙해 가는 윤리적 존재론을 내포하며, 인간과 자연이 함께 서로의 존재를 완성해 나가는 조력의 과정을 나타낸다.

마른 벽에 절절히 새겨 넣는 숨 / 화폭 거칠수록 헐떡이는 심박이다 // 갈증 난 핏줄의 샛강을 따라 / 초록비, 땡볕이 빚은 눈물이 / 상향으로 번져 오르는 전율 // 벅차고 아찔한 배경이지만 / 애초에 차가운 벽이 아니면 / 저 얇은 꿈들은 어느 허공에 붙었을까 // 활화산처럼 타오르다 / 몇 점 불티를 매달고 분투하는 여정 // 쌍그란 초겨울 해거름까지도 / 센 바람을 뚫고 꿈틀대는 / 질긴 밑그림이 있었구나 // 희대의 명작은 아니라도 / 더 낮게 엎드려 그리고 또 그린다 // 흰 눈발 쓸리는 날 환히 웃으며 / 한 걸음 한 걸음 끝끝내 완성하고픈 필생의 벽화

- 「담쟁이」 전문

시 「담쟁이」는 얇고 미세한 생명 하나가 차가운 벽면을 배경으로 생의 흔적을 남기며 그려가는 '벽화'의 형식으로 전개된다. 이 시는 단순한 식물의 성장 과정을 넘어, 고통과 무명의 시간을 통과한 존재가 어떻게 윤리적 삶의 흔적을 남기고 완성에 이르는가에 대한 성찰을 담고 있다. "마른 벽에 절절히 새겨 넣는 숨 / 화폭 거칠수록 헐떡이는 심박이다"에서 '마른 벽'은 생명에게 우호적이지 않은 조건, 즉 비옥하지 않은 환경 혹은 비감응적 세계를 상징한다. 그러나 바로 그 벽에 생명은 '절절히 숨을 새긴다'. 여기서의 '숨'은 생명 활동이며, 동시에 존재의 선언이다. 하이데거의 존재론에서 말하는 '현존재Dasein'의 자기 드러냄이 이러한 장면에서 구현된다. 벽이 거칠수록 심박이 더욱 강하게 뛰는 것은, 환경이 거칠수록 존재의 생명성은 더욱 강하게 발현된다는 시적 역설이기도 하다.

"갈증 난 핏줄의 샛강을 따라 / 초록비, 땡볕이 빚은 눈물이 / 상향으로 번져 오르는 전율"로 표현된 담쟁이의 움직임은 단순한 생물학적 생존이 아니다. 그것은 '상향성', 즉 정신적 고양과 미학적 창조를 지향한다. 땡볕과 비는 고통과 은총의 이중 코드

이며, 그로 인해 생명은 감각을 통해 벽 위로 전율처럼 번진다.

한스 요나스는 『책임의 원칙(1979)』에서 생명체의 자발적 미래 지향성을 윤리적 조건으로 보았는데, 담쟁이의 전율은 무언의 생명체가 미래를 향해 실천하는 감응적 에너지이다. '저 얇은 꿈들'의 존재론적 가벼움을 붙잡아 주는 것은 벽이라는 무거운 배경이다. 생명은 무게와 비감각의 표면 위에서 감각적 흔적을 새겨 가며 존재의 서사를 구축한다. "희대의 명작은 아니라도 / 더 낮게 엎드려 그리고 또 그린다"라는 담쟁이의 행위는 예술적 창조에 비견된다. 그러나 그것은 '희대의 명작' 같은 위대한 선언이 아니라, 낮게 엎드려 그려 내는 필생의 노동이다. 이 장면은 윤리의 예술화를 보여준다. 한스 요나스의 철학에서 "책임은 장엄한 이상이 아니라, 미세하고 구체적인 돌봄의 실천"으로 정의되듯, 이 시에서 담쟁이의 벽화는 생명 존재가 남기는 윤리적 흔적이자 시적 미학의 완성이다. "흰 눈발 쓸리는 날 환히 웃으며 / 한 걸음 한 걸음 끝끝내 완성하고픈 필생의 벽화"에서 '완성'은 정지된 결과가 아니다. '한 걸음 한 걸음'이라는 표현은 생의 지속적 감응, 즉 과정 자체의 윤리성과 창조성에 대한 선언이다.

결국 시 「담쟁이」는 미세한 생명이 불친절한 표면(현실)에 새기는 윤리적 흔적이자 감응의 예술이다. 담쟁이는 벽을 덮는 것이 아니라, 그 위에 살아 있는 의미를 '그리고 또 그리는' 존재로 그려진다.

숲 하나 지나는 동안 / 잡목에 긁힌 얼굴에 눈꽃 가득했다 / 꽃들은 하늘을 배경으로 쳐다볼 때는 / 그리움처럼 아득하다가도 / 낙하하는 동선에 마음 쓰면 / 터 잡은 빛의 그늘진 고독을 깨우친다 / 써늘한 날들은 그렇게 녹고 / 외진 산길에 돋은 애기벚꽃 따뜻하다 / 오르막도 가슴속 약간의 수분과 / 맑은 노래 몇 소절이 필요할 뿐 / 시린 무릎 다독여 천천히 가면 된다 / 질긴 것은 꽃샘만이 아니라 / 언제나 꺼칠한 괴석들이지만 / 낯익은 듯 낯선 만남들을 / 걸음걸음 온몸으로 껴안다 보면 / 거뭇하던 산마루에 만발한 구름꽃 / 하늘 땅 눈부신 바람소리 / 부지런히 흐르는 저들에겐 흉터가 적다 / 들뜬 종다리 깔깔대는 내리막에도 / 흥건한 새 빛은 뜨겁고 푸르므로

- 「새봄」 전문

시 「새봄」은 봄 산길을 오르며 자연과 인간이 상호 감응하는 과정을 그린 생태적 성찰의 시이다. 시적 화자는 육체적 상처와 감정적 흔들림 속에서, 꽃과 산, 바람, 빛 같은 자연적 요소와 감각적으로 조우하며 생명적 위안과 윤리적 각성을 얻게 된다. 이 시는 생명을 단순히 존재하는 대상이 아닌 상처받고 회복하는 감정적 주체로서의 자연으로 형상화하며, 철학적 생명 윤리의 관점에서 읽힐 수 있는 잠재력을 품고 있다. "잡목에 긁힌 얼굴에 눈꽃 가득했다"는 자연과의 조우가 순수한 아름다움만이 아니라, 상처와 통증을 동반한 만남임을 암시한다. 눈꽃은 아름다움이지만, 그 앞에는 '긁힌 얼굴'이 있다. 이는 인간이 자연 속에서 온전히 치유되기 전에 경험하는 존재적 마찰을 상징한다. 자연은 우리가 배려하고 돌봐야 할 대상이기도 하지만, 우리 자신이 돌봄을 받아야 할 존재로서 서는 자리이기도 하다. "꽃들은 하늘을 배경으로 쳐다볼 때는 / 그리움처럼 아늑하다가도 // 낙하하는 동선에 마음 쓰면 / 터 잡은 빛의 그늘진 고독을

깨우친다"에서 '꽃'은 보는 방식에 따라 위안과 고독, 아름다움과 통증을 동시에 품고 있다. 이는 자연을 감각의 대상이 아니라 감정 교류의 주체로 읽게 만든다. 마사 누스바움의 '감정 능력capacity for emotion' 개념처럼, 이 시의 꽃은 감정을 유발하는 객체가 아니라 함께 슬퍼하고 아파하는 생명 존재로 형상화된다.

생명과 감정은 분리되지 않는다. "낯익은 듯 낯선 만남 들을 / 걸음걸음 온몸으로 껴안다 보면"에서의 '만남'은 단지 타인을 뜻하지 않는다. 산길의 바위, 바람, 꽃, 빛, 모든 요소들이 낯선 타자이면서 동시에 우리 안에 내재된 생명의 일부이다. 이는 아르네 네스의 자아의 생태적 확장self-as-nature 개념과 직결된다. 이 시의 '걷기'는 단순한 이동이 아니라, 타자와 자연을 몸으로 받아들이며 자아를 확장하는 윤리적 수행이다.

시인은 낯선 존재들(괴석, 바람, 꽃)과의 충돌과 조우를 통해 자신의 윤리적 위치를 자각한다. 윤리는 법이나 명령이 아니라, 타자와의 체험적 만남에서 발생한다. "거뭇하던 산마루에 만발한 구름꽃 / 하늘 땅 눈부신 바람소리 / 부지런히 흐르는 저들에겐 흉터가 적다"에서 산마루에 핀 구름꽃과 흐르는 바람소리는 생명들의 조화와 회복의 공동체를 상징한다. '흉터가 적다'는 표현은 상처가 없다는 뜻이 아니라 그들의 흐름과 공존의 방식이 치유 중심임을 드러낸다. 이는 자연이 가진 내적 회복력과 생명들의 윤리적 관계성을 보여준다.

시인은 낯선 존재들(괴석, 바람, 꽃)과의 충돌과 조우를 통해 인간 역시 그 공동체에 함께 속하며 흐르고, 녹고, 겪고, 치유된다. 시 「새봄」은 봄 산길을 오르며 자연과 인간이 감각적으로, 정서적으로, 윤리적으로 깊은 감응을 주고받는 여정을 그리고 있다. 시인은 자연을 단순히 위로의 공간이 아니라 상처와 회복, 고통과 연대의 타자들로 이루어진 생명 공동체로 그린다. 걷는 자는 자기 안의 고통을 마주하고, 낯선 자연을 만나며 결국 공존과 회복의 길로 나아간다. 이 시는 그 길 위에 놓인 따뜻한 철학적 초대장이다.

4. 자연의 순환과 문학의 감응 윤리

박부민 시인의 시편들은 특정한 시기나 계절에만 머물지 않는다. 그의 시는 봄의 움틈부터 겨울의 무채색까지 생명의 전생애 주기를 껴안으며 그 과정에서 고통, 기쁨, 성장, 퇴적, 소멸, 환생을 노래한다. 시 「낙엽 재테크」는 가을의 낙엽을 자본주의 화폐 시스템의 용어로 형상화하면서, 자연과 자본, 시와 상품 사이의 위계와 대립을 전복적으로 조명하는 생태 시이다. 특히 이 시는 낙엽을 '버림'이 아닌 '축적'과 '양분화'의 과정으로 제시하며, 생태계의 '소모 없는 경제'를 통해 인간 중심의 착취적 경제 구조를 비판한다. 시적 화자의 시집 출간까지 연결되는 이 경제적 상상은 문학의 윤리성과 생명의 무상성에 대한 자각을 드러낸다. 또한 버림과 비움, 소멸과 저장을 '재테크'라는 사회적 어휘로 전복시키며 존재의 본질적 윤리를 드러낸다.

빗방울 때리자 나무들이 / 부쩍 가난해진다 // 발 앞에 수북이 내려 놓고 / 무상으로 다 가져가란다 // 버리면서 봄날의 새 양분을 축적한다니 / 향기로운 재테크가 촉촉하구나 // 바람이 골목골목 그 선물을 나누는 동안 / 겹쌓인 허욕도 잔고 없이 쓸어 내고 // 황금빛 한 장, 홍옥빛 두어 장 / 고개 숙여 빈 주머니에 적금한다 // 어둡고 쓸쓸한 날 성냥불 켜듯 / 가난한 시인이 시린 손으로 빚어 // 장독대에 소복이 올려 둘 / 새하얀 첫 시집 책갈피로만 투자하련다

- 「낙엽 재테크」 전문

이 시의 마지막 부분은 문학의 윤리성을 강조한다. 시인은 "발 앞에 수북이 내려놓고 / 무상으로 다 가져가란다"라는 구절은 자연이 비조건적 나눔을 실천한다는 메시지를 담고 있다. 자본주의가 '가치'를 '희소성'에서 찾는 반면, 시는 잎의 낙하를 무상성과 보편성의 가치로 전환한다. 이는 심층 생태학에서 말하는 자연의 자기 완결성과 순환성을 표현한 것이며 인간 중심의 축적 경제와는 정반대의 경제 모델이다. "버리면서 봄날의 새 양분을 축적한다니 / 향기로운 재테크가 촉촉하구나"에서의 '재테크'는 인간의 자본 증식 행위가 아니라, 자연의 순환과 생명의 준비 과정이다. 낙엽은 단순히 떨어지는 것이 아니라 다음 생을 위한 양분으로 환원된다. "황금빛 한 장, 홍옥빛 두어 장 / 고개 숙여 빈 주머니에 적금한다"에서 자본주의의 언어를 그대로 차용하지만, 그 대상은 낙엽이다. 이 시는 의도적으로 화폐의 언어를 낙엽과 같은 무형의 자연물에 붙임으로써 그 언어의 소비적 속성을 해체한다. '고개 숙이는' 태도는 욕망의 경배가 아니라 겸손한 수용이다.

전복적 언어 놀이를 통해 시인은 재화의 정의를 생태적 감수성으로 다시 설정한다. "가난한 시인이 시린 손으로 빚어 / 장독

대에 소복이 올려 둘 / 새하얀 첫 시집" 이 시의 마지막 부분은 문학의 윤리성을 강조한다. 시인은 '성냥불 켜듯' 시를 쓰고, 그것을 돈벌이가 아닌 장독대(저장의 공간, 기다림의 장소)에 올려놓는다.

'시집'은 자본의 대상이 아니라, 삶의 흔적이자 윤리적 증여물이다. 이 '투자'는 경제적 이윤이 아닌 감정적, 생태적 환원으로서의 기여를 의미한다. 이 시는 자본주의적 삶의 리듬을 해체하며, 시를 비자본적 예술의 대표 장르로 제시한다. 자연의 질서에 귀 기울이고 '버림'의 미학과 '소유하지 않음'의 철학을 통해 문학은 생명을 위한 감수성과 윤리를 수행한다. 이와 같은 시적 태도는 문학의 존재 이유를 새롭게 설정하며 현대 사회에서의 시의 역할을 생태적 관점에서 재조명하게 만든다. 시 「낙엽 재테크」는 생태계의 작은 사건을 자본주의의 언어로 비틀어 표현하면서, 소유·축적·소비 중심의 경제 시스템에 대한 전복적 성찰을 이끌어 낸다. 낙엽은 죽음이 아니라 순환이며 그 무상성은 진정한 생명의 가치가 어디에 있는가를 묻는 철학적 기호로 기능한다. 시인은 자신의 시집을 '장독대'에 '적금'하는 윤리적 투자자로 자리매김하며 문학이 지닌 감응의 윤리와 생태적 지속 가능성을 환기한다. "낙엽으로 시를 쓰는 사람"이야말로 가장 생태적인 경제학자임을 보여준다. 이는 현대 문학이 추구해야 할 새로운 가치의 전형이기도 하다.

5. 전복적 상상력을 통한 존재적 질문

박부민 시 세계의 본질은 생명에 대한 감응의 윤리이며, 그것은 높은 곳이 아니라 낮은 곳, 땅과 잎, 낙엽과 지렁이, 작은 씨앗과 도토리에서 비롯된다. 그의 시는 "버림"을 "축적"으로, "고통"을 "무르익음"으로, "무상성"을 "가치 있는 재테크"로 전환하는 존재의 전복적 상상력을 품고 있다. 우리는 자연의 전류에 감전될 만큼 살아 있는가? 우리는 굴러가는 도토리처럼 자기 생을 야무지게 품고 있는가? 그리고, 우리는 우리 안의 낙엽들을 무상으로 내어 줄 준비가 되어 있는가? 이 시집 『초록 방앗간』은 박부민 시인의 존재적 물음으로 그득하다.